General Certificate of Secondary Education

GCSE
German
Reading Paper 1

Higher Tier

Time allowed: 50 minutes.

Instructions to candidates
- Write in black or blue ink or ballpoint pen.
- Write your name and other details in the spaces provided above.
- Answer **all** questions in the spaces provided.
- Answer the **section A** questions in **GERMAN**.
  Answer the **section B** questions in **ENGLISH**.
- Give all the information you're asked for, and **write neatly**.

Information for candidates
- The maximum mark you can get for this paper is 45.
- The marks available are given in brackets at the end of each question.
- There are 8 questions in this paper.
- You are **not** allowed to use a dictionary at any time during this test.

For marker's use			
Q	\multicolumn{3}{c}{Attempt N°}
	1	2	3
1			
2			
3			
4			
5			
6			
7			
8			
Total 45			

0504 - 1617 © CGP 2002

ABSCHNITT A — Fragen und Antworten auf **Deutsch**

1. In Stuttgart.

**Wie kommt man vom Hauptbahnhof
ins Stadtzentrum von Stuttgart?**

Sie haben die Wahl!

Die Buslinie 100 bringt Sie direkt zum Alten Markt/Stadtzentrum.
Dieser Bus fährt von 4.00 Uhr bis 24.00 Uhr alle 10 Minuten. Ab 24.00 Uhr ist es die Nachtlinie X10. Die Nachtlinie X10 fährt dann bis 4.00 Uhr alle 30 Minuten.
Die Bushaltestelle ist links neben dem Haupteingang vom Hauptbahnhof.

Fahrkarte	Kosten
einfach	€ 0,75
hin und zurück	€ 1,20
Kleinkinder und Schüler unter 16 Jahren	€ 0,50

- **Straßenbahn:** vor dem Hauptbahnhof fährt Linie 13 bis zur Straßenbahnhaltestelle Stadtgarten. Fahrkarten bekommt man im Informationszentrum oder beim Fahrer. Eine Zwei-Stunden-Karte kostet € 0,40.

Beantworte die Fragen.

Beispiel: Welcher Bus fährt direkt zum Stadtzentrum?   ......Buslinie 100......

a) Von wann bis wann fährt der Bus 100 jeden Tag?

.... (1)

b) Wie oft fährt der Nachtbus?

.... (1)

c) Wie viel kostet eine Rückfahrkarte mit dem Bus?

.... (1)

d) Wo kann man Straßenbahnfahrkarten kaufen?

(i) .... (1)

(ii) .... (1)

2. Information für Leute, die gesund leben wollen.

Lies den Text.

> **Heißer Tipp: Radfahren auf dem Land**
>
> Man kann mit den grünen Zügen für € 7,00 in die Dörfer fahren, wo man ein Rad mieten kann. Dann fährt man nicht mit dem Auto, sondern mit dem Rad die Landstraßen entlang.
>
> Man kann an jedem Bahnhof ein Rad für einen Tag mieten. Es kostet nur € 15,00 für vierundzwanzig Stunden. Wenn man ein Problem mit dem Rad hat, kann man es kostenlos wechseln.
>
> Eine Pause machen? – kein Problem. Man fährt mit dem Zug zum nächsten Dorf und hier kann man ein neues Rad mieten. Das Rad ist immer besser als das Auto. Man kann es überall parken.
>
> Radfahren macht fit! Versuchen Sie mal ein Wochenende im Grünen. Viel Spaß!

Schreib falsch (**F**), richtig (**R**) oder nicht im Text (**?**) in jedes Kästchen.

Beispiel: Radfahren in der Stadt ist ein heißer Tipp. [?]

a) Die grünen Züge sind kostenlos. (1)

b) Man kann ein Rad für € 7,00 kaufen. (1)

c) Autos sind auf den Landstraßen verboten. (1)

d) Es gibt nur neue Räder. (1)

e) Wenn sie eine Panne mit dem Rad haben mussen sie zahlen. (1)

f) Räder sind gesünder als Autos. (1)

g) Parken ist kein Problem für Räder. (1)

3. Du siehst diese Reklame in der Reinigung.

Schreib die passenden Buchstaben in jedes Kästchen.

Beispiel: Was bringen Sie zu diesem Laden? $\boxed{C}$

- A Stiefel
- B Koffer
- C Kleidung
- D Tasche

a) Warum sollen Sie einen Mantel zum Laden bringen? $\boxed{}$ (1)

- A Er ist modern.
- B Er ist schmutzig.
- C Er ist schwarz.
- D Er ist neu.

b) Wann sieht ein Mantel anders aus? $\boxed{}$ (1)

- A In drei Stunden.
- B In einem Tag.
- C Heute Abend.
- D In einem Monat.

4. Tee am Nachmittag.

Was passt zusammen?
Schreib den passenden Buchstaben in jedes Kästchen.

A   Man lässt den Tee ziehen.
B   Heißes Wasser wird auf die Teebeutel gegossen.
C   Man nimmt die Teebeutel aus der Packung.
D   Jetzt können wir endlich trinken.
E   Man stellt die Teekanne auf den Tisch.
F   Nach fünf Minuten werden die Teebeutel ausgenommen.
G   Man legt zwei Beutel Tee in die Teekanne.

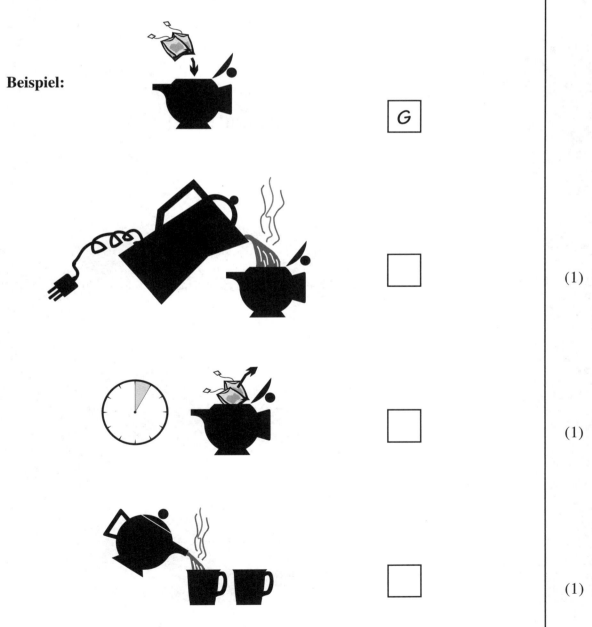

Beispiel: G

[BLANK PAGE]

5. Ein Unfall.

> **Wer hat den Autofahrer gesehen?**
> **Bitte können Sie uns helfen!**
>
> Ein Radfahrer, auf einem roten Rennrad, wurde heute kurz vor 8.00 Uhr an der Ecke von der Schillerstraße von einem blauen VW angefahren. Der Autofahrer hat Fahrerflucht begangen und ist vom Unfallort weggelaufen. Der Radfahrer liegt jetzt schwerverletzt im Zentralkrankenhaus.
>
> *Wenn Sie der Verkehrzpolizei weitere Informationen geben können, rufen sie 0221/126343 sofort an oder gehen Sie persönlich zur nächsten Polizeiwache.*

Lies die Sätze.

Schreib **R** (richtig), **F** (falsch), **?** (nicht im Text) in jedes Kästchen.

Beispiel: Die Verkehrspolizei bittet um Hilfe. [R]

a) Rad und Auto haben dieselbe Farbe. (1)

b) Der Unfall war heute nachmittag. (1)

c) Das Auto ist weggefahren. (1)

d) Der Radfahrer ist verheiratet. (1)

e) Der Autofahrer muss die Polizei sofort anrufen. (1)

German Higher — Reading Paper 1

6. Ein Wohnzimmerspiel.

Eine Reise mit Stühlen

Für dieses Spiel braucht man sechs, acht oder zehn Personen und einen Spielleiter. Alle, außer dem Spielleiter, sitzen auf Stühlen in einem Kreis. Er steht in der Mitte. Jede Person, die sitzt, hat den Namen einer Stadt. Der Spielleiter steht in der Mitte und ruft zwei Städtenamen (zum Beispiel: „Berlin–München"). Das ist eine Strecke. Die beiden gerufenen Personen mit diesen Städtenamen müssen ihre Plätze tauschen. Wenn der Spielleiter einen Stadtnamen ruft, muss er dann diese Stadt „sein".

Die andere Stadt wird dann der Spielleiter. Wer das Rufen von seinem Stadtnamen nicht hört, zahlt mit Süßigkeiten eine Strafe. Wer dreimal seinen Stadtnamen nicht hört, ist nicht mehr im Spiel.

Lies die Sätze.

Schreib **R** (richtig), **F** (falsch) oder **?** (nicht im Text) in jedes Kästchen.

Beispiel: Zwölf Personen können spielen.   [F]

a) Die Teilnehmer stehen und sitzen.   [ ]   (1)

b) Der Spielleiter sitzt in die Mitte.   [ ]   (1)

c) Der Spielleiter muss sehr leise sprechen.   [ ]   (1)

d) Die gerufenen Personen tauschen Plätze.   [ ]   (1)

e) Der Sieger bekommt Süßigkeiten.   [ ]   (1)

f) Man kann nur drei Fehler machen.   [ ]   (1)

7. Das Fußballspiel.

„Wir werden jetzt den Zug verpassen", sagte meine Frau zu mir, als sie ihren Mantel anzog. „Warum musst du das Fußballspiel immer bis zu Ende ansehen, Karl?"

So was Blödes! Es ist selten, dass ich meine Mannschaft im Fernsehen sehen kann. Diesmal war es besonders interessant. Düsseldorfer SV haben 1:0 gewonnen – da freute ich mich sehr. Ich weiß, es war nur ein Freundschaftsspiel, aber das war mir egal.

Es war fast 17.00 Uhr und unser Zug fährt in einer halben Stunde. Unser Koffer war gepackt, das Taxi stand schon vor der Tür und ich konnte meine Brille nicht finden! „Mein lieber Mann, du hast sie auf deinem Kopf," sagt meine jetzt ungeduldige Frau.

Übrigens machen wir keine Urlaub. Wir besuchten die Schwester meiner Frau und ihren Mann in Hannover. Franz, mein Schwager versteht mich gut. Er mag den Düsseldorfer SV genauso wie ich, weil wir beide in Düsseldorf geboren sind und dort unsere Schulzeit verbracht haben.

Wir sind am Bahnhof angekommen und hatten noch zehn Minuten vor der Abfahrt unseres Zug. Dann kamm die Durchsage. „Der Intercity 536 nach Hannover hat zwanzig Minuten Verspätung".

Ich lächelte meine Frau an. „Na, wir haben noch Zeit, eine Tasse Kaffee zu trinken, nicht war?"

Beantworte die folgenden Fragen.

Beispiel: Was trägt Karls Frau schon? ......ihren Mantel......

a) Was wollte Karl bis zum Schluss sehen?

.... (1)

b) Was gibt es nicht oft im Fernsehen?

.... (1)

c) Warum ist er glücklich? ....

.... (1)

d) Wann fährt der Zug?

.... (1)

e) Was sucht Karl?

.... (1)

f) Wohin fahren sie?

.... (1)

g) Wo gingen Karl und Franz zur Schule?

.... (1)

h) Wie viel Zeit hatten sie vor der Abfahrt?

.... (1)

i) Warum hatten sie Zeit für eine Tasse Kaffee? ....

.... (1)

German Higher — Reading Paper 1

SECTION B — Questions and Answers in **English**

8. In a German newspaper.

Ein Jahr im Ausland

Genaugenommen ein Jahr an einer Schule in Nordengland, in Durham genauer gesagt, hat das Leben von dieser Schülerin sehr verändert.

Maria ist in Hanau, einer Kleinstadt in der Nähe von Frankfurt, groß geworden. Als sie in ihrer Klasse von ihrer Englischlehrerin gehört hatte, dass es für ein paar Schüler eine Möglichkeit geben würde, einen Austausch mit ein paar englischen Schülern zu machen, wollte sie es sofort tun. Die englische Sprache war nur ein Faktor. Sie wollte in diesem anderen Land auch die Schule und das Leben überhaupt kennen lernen.

Ihre Gastfamilie wohnte in einem alten und kleinen Reihenhaus aus dem neunzehnten Jahrhundert in der Altstadt. Da hat sie ein nicht so großes Zimmer wie zu Hause gehabt, aber es war gemütlich. Die Gasteltern Tom und Angela Selby haben sie wie ihre eigene Tochter behandelt. Maria war nie ein Außenseiter für sie. Das Leben in diesem Haus war immer turbulent, allein schon wegen der zehnjährigen Zwillinge.

Die Gesamtschule war ganz anders, als sie erwartet hatte. Das Gebäude hatte in den letzten Jahren nicht viel Farbe gesehen, aber die Lehrer konnten Maria nicht genug loben. Wenn sie nach dem Unterricht Fragen hatte, hat man immer Zeit für sie gehabt. „In meinem Gymnasium zu Hause ist nach der Unterrichtsstunde der Lehrer immer in Eile", meint sie. „Ich habe in diesem Jahr nicht nur mein Englisch verbessert, sondern habe auch gelernt, mehr Geduld zu haben. Das ist nicht einfach für eine Siebzehnjährige", sagt Maria. Sie ist ganz sicher, dass dieser Aufenthalt eine gute Vorbereitung für ihr Studentleben sein wird. „Ich denke, ich werde im Ausland studieren. Ich habe darauf Appetit bekommen."

Example: What has changed Maria's life?   Spending a year at a school in the North of England.

a) Where did she grow up? .... (1)

b) What did her English teacher mention? .... (1)

c) How many pupils could take part? .... (1)

d) What was her bedroom like? Give two details.
   i) .... (1)
   ii) .... (1)

e) How was she treated by her "new parents"? .... (1)

f) What does she think about the teachers in England? .... (1)

g) What is her plan for the future? .... (1)

END OF TEST

(45)

German Higher — Reading Paper 1

[BLANK PAGE]

General Certificate of Secondary Education

Surname

Other names

Candidate signature

GCSE
German
Reading Paper 2

Higher Tier

Time allowed: 50 minutes.

Instructions to candidates
- Write in black or blue ink or ballpoint pen.
- Write your name and other details in the spaces provided above.
- Answer **all** questions in the spaces provided.
- Answer the **section A** questions in **GERMAN**.
  Answer the **section B** questions in **ENGLISH**.
- Give all the information you're asked for, and **write neatly**.

Information for candidates
- The maximum mark you can get for this paper is 45.
- The marks available are given in brackets at the end of each question.
- There are 8 questions in this paper.
- You are **not** allowed to use a dictionary at any time during this test.

Q	Attempt Nº		
	1	2	3
1			
2			
3			
4			
5			
6			
7			
8			
Total 45			

For marker's use

© CGP 2002

ABSCHNITT A — Fragen und Antworten auf **Deutsch**

1. Du findest diesen Brief von deiner Schwester auf dem Tisch.

    > *Peter und ich sind schon ins Einkaufszentrum in die Stadtmitte gegangen. Wir haben noch nichts für Mutti zum Geburtstag gekauft (und möchten ihr morgen etwas schenken!). Wir gehen danach zur Bibliothek. Sie ist nur bis halb zwei geöffnet. Willst du uns zwischen zwei und drei Uhr im Café neben der Bäckerei treffen?*
    > *Susi*

    Schreib den Buchstaben für die richtige Antwort ins Kästchen.

    Beispiel: Wohin sind Peter und Susi gegangen?

    - A Ins Stadtbad.
    - B Zur Bushaltestelle.
    - C Ins Stadtzentrum.
    - D Ins Stadion.

    [C]

    a) Warum sind sie gegangen?
    - A Um Bücher auszuleihen.
    - B Um sich mit ihren Schulfreunden zu treffen.
    - C Um Kaffee zu trinken.
    - D Um ein Geschenk zu kaufen.

    (1)

    b) Bis wann ist die Bibliothek offen?
    - A Bis um 12.30 Uhr.
    - B Bis um 13.30 Uhr.
    - C Bis um 14.30 Uhr.
    - D Bis um 15.30 Uhr.

    (1)

    c) Wo werden Susi und Peter warten?
    - A Im Einkaufszentrum.
    - B Im Café.
    - C In der Bäckerei.
    - D Am Stadtrand.

    (1)

    d) Wie lange werden sie dort warten?
    - A Dreißig Minuten.
    - B Eine Stunde.
    - C Zwei Stunden.
    - D Drei Stunden.

    (1)

German Higher — Reading Paper 2

2. An der Isar in München.

> **Am westlichen Rand dieser bekannten Stadt gibt es einen sehr großen Landschaftspark.**
>
> Im Sommer kann man einen Grillplatz buchen, Schach im Freien spielen oder im Fluss baden. Außerdem gibt es zwei Sportplätze für Fußball- und Handballspiele. Es gibt viele Radfahrwege für die umweltfreundlichen Besucher.
> Im Winter kann man mit dem Schlitten fahren – es gibt kleine Hügel! Skilanglauf macht auch Spaß – es ist wie ein Spaziergang im Schnee.
> Vergiß nicht: Eintritt ist immer frei!

Füll die Lücken mit den passenden Wörtern aus dem Kästchen.

| schlafen | flach | im Westen | umweltfreundlich |
| kochen | kostenlos | geschlossen | Sportplatz |

Beispiel: Der Landschaftspark liegt **im Westen** von München.

a) In Sommer kann man im Freien .... (1)

b) Der Landschaftspark ist nicht .... (1)

c) Im Winter ist der Landschaftspark nicht .... (1)

d) Man kann den Landschaftspark .... besuchen. (1)

3. Der Saalepark ist in der Nähe von Halle.

Teil A

Das Möbelzentrum im Saalepark

„Jetzt sitzen wir wieder einmal im Auto, denn heute wollen wir Möbel für unser Wohnzimmer kaufen", meint Familie Schmidt.

Der Saalepark ist ein großes Einkaufszentrum zwischen Leipzig und Merseburg. Familie Schmidt kommt aus Ockendorf. Dort gibt es viele kleine Läden für den täglichen Bedarf, auch für Kleidung und Bücher. Alle großen Gegenstände fürs Haus bekommt man dort nicht. Man muss immer woanders hinfahren. Es gibt die Städte Merseburg und Halle in der Nähe, aber im Saalepark ist die Auswahl am größten!

Lies die Sätze, und schreib **R** (richtig), **F** (falsch) oder **?** (nicht im Text) in jedes Kästchen.

Beispiel: Herr und Frau Schmidt sind im Auto. [R]

(i) Sie wollen Möbel für das Esszimmer kaufen. [ ] (1)

(ii) Das große Geschäftszentrum heißt Saalepark. [ ] (1)

(iii) Familie Schmidt hat ihr Haus in Merseburg. [ ] (1)

(iv) In Ockendorf gibt es kein Einkaufszentrum. [ ] (1)

Teil B

Leider gibt es heute viel Verkehr und es sind zu viele Autos auf der Straße. Endlich sind sie im Saalepark angekommen, haben ihr Auto geparkt und jetzt gehen sie von einem Möbelgeschäft zum anderen. Nach zwei Stunden sind Herr und Frau Schmidt noch nicht sicher, welcher Schrank aus den sechs Möbelgeschäften ihnen am besten gefällt. Sie machen eine Kaffeepause in einer kleinen Konditorei, gegenüber von einem Laden, der ein bisschen lustig aussieht. Über der Tür steht: „Alles aus zweiter Hand". Als Herr und Frau Schmidt in diesen Laden gehen, sehen sie in der Ecke einen Schrank, der beiden sofort gefällt. Er ist von guter Qualität und außerdem nicht sehr teuer. „Das war ein Glück", sagen sie.

Schreib den passenden Buchstaben in jedes Kästchen.

(i) Mit dem Auto
 A geht es heute sehr schnell.
 B können sie heute nicht fahren.
 C kommen sie heute langsam voran.
 D fahren sie heute sehr gern. (1)

(ii) Beide können sich nicht entscheiden, und
 A gehen wieder nach Hause.
 B machen eine Erfrischungspause.
 C sprechen mit einer Verkäuferin.
 D trinken mit Freunden Kaffee. (1)

(iii) Herr und Frau Schmidt haben ihren Schrank
 A sehr billig gekauft.
 B in der Konditorei gekauft.
 C im sechsten Möbelgeschäft gekauft.
 D mit Kreditkarte bezahlt. (1)

4. Schulinformation.

Ich will mit dir über meine Schule sprechen. Sie ist eine Realschule. Man ist vom 5. bis zum 10. Schuljahr hier. Dann bekommt man einen Abschluss der die „Mittlere Reife" heißt. Ich bin jetzt im letzten Schuljahr. Wie du dir denken kannst, hat man da besonders viel zu tun.

Meine Klasse ist die 10a und wir sind eine Gruppe von 28 Schülern (19 Mädchen! – und wie du zählen kannst weniger Jungen!!!).

Das Schulgebäude ist sehr modern, und wir haben ein tolles Computerzentrum. Unser Klassenzimmer (jede Klasse hat ihr eigenes Zimmer) ist im ersten Stock und wir haben es selber dekoriert.

Nach Weihnachten werden wir wieder sehr viele Tests haben. Ich muss gute Noten bekommen, da ich auf die Fachoberschule gehen will.

Wir haben zu viele Hausaufgaben und ich brauche oft drei Stunden pro Tag, um sie zu machen. Aber wir gehen ja jeden Tag nur bis 14.00 Uhr in die Schule, also ist das nicht so schlecht. Donnerstags ist unser langer Tag, weil wir am Nachmittag Sportklub haben. Es ist nie langweilig!

Welche Sätze sind richtig?

Schreib die vier weiteren Buchstaben in die Kästchen.

A   Wir gehen zehn Jahre in diese Schule.

B   Es ist mein zehntes Schuljahr.

C   Wir haben weniger Mädchen als Jungen in meiner Klasse.

D   Unser Computerzentrum ist ausgezeichnet.

E   Wir müssen unser Klassenzimmer mit anderen Klassen teilen.

F   Meine Noten müssen gut sein, wenn ich auf die Fachoberschule gehen will.

G   Meistens muss ich täglich drei Stunden Hausaufgaben machen.

H   Wir treiben donnerstags immer Sport.

Beispiel:

G				

(4)

5. Aus einer Zeitschrift.

Umweltschutz

Ist Erlangen eine Stadt mit Zukunft? Die Antwort kann nur „Ja" sein. Diese Stadt in Franken ist in Deutschland ein Zentrum für den praktischen Umweltschutz.

Hier darf man nicht weiterfahren. Nur Busse, Taxis, Lieferwagen und Fahrräder dürfen es. Es gibt 15 Straßenkilometer im Zentrum, aber 75 Prozent davon ist für Autofahrer gesperrt. Wer in die Innenstadt fahren will, muss das Auto auf einen Parkplatz stellen und dafür bezahlen. Parkplätze für Räder gibt es aber überall. Parken ist hier frei. Viele Autobesitzer in Erlangen haben in der Zwischenzeit ihre Autos verkauft. Jetzt gibt es ungefähr 90 000 Radfahrer in der Stadt, aber nur 40 000 Personen fahren Autos.

Der Bürgermeister so wie auch seine Kollegen und die Polizisten der Stadt fahren in Erlangen Rad.

Was ist richtig?

Kombiniere die Sätze und fülle die Tabelle aus.

1) Erlangen ist ein Zentrum ...
2) Außer Autos ...
3) Nur ein Viertel der Straßen im Stadtzentrum ...
4) Du kannst mit dem Auto in die Stadtmitte fahren, ...
5) Räder kann man ...
6) **Wenn du dein Rad parken willst, ...**
7) Die meisten Erlanger ...
8) Es gibt weniger Autofahrer ...
9) Alle, die bei der Polizei arbeiten, ...

A ... als Radfahrer.
B ... in der ganzen Stadt parken.
C ... fahren Rad.
D **... ist es ohne Kosten.**
E ... fahren ohne Auto zur Arbeit.
F ... ist für Autos.
G ... für Umweltschutz.
H ... aber dann zahlst du für das Parken.
I ... dürfen alle Verkehrsmittel in der Stadtmitte fahren.

1)	
2)	
3)	
4)	
5)	
6)	D
7)	
8)	
9)	

Beispiel: (next to 6) D)

(8)

6. Aus der Zeitung.

Eine Katze rettet eine Familie vor dem Feuer!

Mainz, 4. April

Eine Katze hat in der Nacht zum Sonntag in Mainz fünf Menschen vor einem Feuer gerettet. Das Tier hat, nach den Angaben der Polizei, so lange an der Tür zum Schlafzimmer gekratzt, bis ein Familienmitglied endlich aufgewacht ist und den Brand im Esszimmer des Hauses entdeckt hat.

Das Ehepaar und ihre drei Kinder rannten schnell aus dem Haus auf die Straße. Sie waren alle in Sicherheit, obwohl die jüngste Tochter eine leichte Rauchvergiftung hatte. Von dem Familienhaus kann man nicht mehr viel sehen. Der Gesamtschaden liegt zwischen 400 000 und 450 000 Euro. Die Katze „Schnurri" war der Held der Nacht!

Was ist richtig?
Schreib den richtigen Buchstaben ins Kästchen.

Beispiel: Eine Katze hat
- A laut geschrien.
- B fünf Kinder gerettet.
- C fünf Personen gerettet.
- D am Samstag eine Familie gerettet.

`C`

a) Ein Familienmitglied wachte auf
- A weil das Zimmer so warm war.
- B weil es das Kratzen gehört hat.
- C weil die Katze auf das Bett gesprungen ist.
- D weil die Schlafzimmertür so laut war.

(1)

b) Die ganze Familie ist
- A von Zimmer zu Zimmer gerannt.
- B schnell ins Esszimmer gerannt.
- C langsam in den Garten gerannt.
- D Schnell auf die Straße gerannt.

(1)

c) Die Familie war gerettet
- A aber die jüngste Tochter war etwas vergiftet.
- B aber das jüngste Kind war etwas vergiftet.
- C aber die kleinste Tochter war schwer verbrannt.
- D aber das kleinste Kind hat sehr geweint.

(1)

German Higher — Reading Paper 2

7. Aus einem Buch.

Das Leben in einer Wohngemeinschaft

In Deutschland wohnen heutzutage mehr als eine Million von alleinstehenden jungen Menschen zusammen in einer Wohnung oder einem Haus. Das sind jetzt zehnmal so viele Wohngemeinschaften wie vor dreißig Jahren und die Zahl steigt.

Die Bewohner dieser neuen Wohngemeinschaften sehen nicht so wild aus wie früher in den Kommunen.

Die typischen Wohngemeinschaften von Studenten kamen da zusammen, wo es Geldprobleme und auch Wohnungsprobleme gab. Das war hauptsächlich in den Universitätsstädten!

Aber heute wohnen die meisten jungen Leute nicht unter einem Dach, weil für sie die Wohnung zu teuer ist, sondern weil sie nicht allein leben wollen.

Natürlich kann es da Probleme geben. Meistens ist das Problem Nummer eins: Sauberkeit! „Außerdem ist immer jemand im Bad, wenn man es braucht", sagt Jürgen. „Also, das Zusammenwohnen ist nicht immer einfach, aber probieren soll man es", meint Susi. „Ich denke, es ist besser nur mit zwei oder drei Freunden zu wohnen als mit sechs oder sieben", sagt Fritz zu uns.

Beantworte die Fragen.

Beispiel: Wie viele junge Leute wohnen in einer Wohngemeinschaft?

...........mehr als 1 000 000..

a) Gibt es jetzt mehr, weniger oder die gleiche Zahl von Wohngemeinschaften wie vor dreißig Jahren?

.... (1)

b) Wo wohnten die jungen Menschen früher?

.... (1)

c) Warum wohnten so viele jungen Studenten zusammen?

i) .... (1)

ii) .... (1)

d) Wie leben junge Leute heute gern?

.... (1)

e) Was ist für viele junge Leute am wichtigsten, wenn sie zusammenleben?

.... (1)

f) Welches Zimmer im Haus/in der Wohnung ist nie frei?

.... (1)

g) Mit wie vielen Personen möchte Fritz am liebsten zusammenwohnen?

.... (1)

German Higher — Reading Paper 2

SECTION B — Questions and Answers in **English**

8. Read this article from a newspaper.

Flughafenkrankenhaus

„Hier ist immer offen!" steht an der Tür. Es gehen viele, die auf Reisen sind, hier jeden Tag vorbei. Wie viele Personen wissen, dass hinter dieser Tür immer gearbeitet wird? „Ich bin sicher, nicht sehr viele!" sagt Herr Michaelis. Die Tür ist der Eingang zum Flughafenkrankenhaus.

In diesem Krankenhaus ist man auf alles vorbereitet, auch auf Katastrophen! Hier arbeiten ein Chefarzt und drei Ärzte, die im Praktikum sind. Außerdem gibt es bis zu zwanzig Ärzte, die telefonisch erreichbar sind. Da sind immer genug Krankenschwestern, die helfen können und viel medizinisches Hilfspersonal steht auch zur Verfügung. Alle Räume sind sehr modern, man kann Röntgenbilder machen, operieren und Kranke sehr gut behandeln.

Das Krankenhaus ist für alle da, die in der Umgebung arbeiten und wohnen – nicht nur für die Fluggäste. Am Tag sind es über einhundert Menschen, die durch die „immer offene" Tür kommen.

Jeder Tag bringt gute und schlechte Überraschungen. Heute früh wurde ein kleines Mädchen geboren. Besonders traurig ist die Situation von drogenabhängigen Jugendlichen – denen man immer nur kurzfristig helfen kann. Zwei Tage später stehen sie dann wieder vor der Tür, oder schlimmer, werden gebracht.

Answer the following questions in English.

Beispiel: What kind of place is the article about?

..........airport hospital..........

a) When does the hospital close?

.... (1)

b) How many doctors are on the permanent staff?

.... (1)

c) How is further advice obtained?

.... (1)

d) Who does the building cater for?

.... (1)

e) Where do other patients come from?

.... (1)

f) What type of patient does the writer find particularly sad?

i) type of patient .... (1)

ii) why? .... (1)

END OF TEST (45)

General Certificate of Secondary Education

| Surname |
| Other names |
| Candidate signature |

GCSE
German
Reading Paper 3

Higher Tier

Time allowed: 50 minutes.

Instructions to candidates
- Write in black or blue ink or ballpoint pen.
- Write your name and other details in the spaces provided above.
- Answer **all** questions in the spaces provided.
- Answer the **section A** questions in **GERMAN**.
  Answer the **section B** questions in **ENGLISH**.
- Give all the information you're asked for, and **write neatly**.

Information for candidates
- The maximum mark you can get for this paper is 45.
- The marks available are given in brackets at the end of each question.
- There are 7 questions in this paper.
- You are **not** allowed to use a dictionary at any time during this test.

For marker's use				
Q	\multicolumn{3}{c}{Attempt Nº}
	1	2	3
1			
2			
3			
4			
5			
6			
7			
Total 45			

© CGP 2002

ABSCHNITT A — Fragen und Antworten auf **Deutsch**

1. Du schreibst einen Brief ans Verkehrsamt.

   Sehr geehrte Damen und Herren,
   ich brauche Unterkunft für das Wochenende vom 25. bis zum 27. Mai für meine Schwester, mich selbst und meine beiden Enkelkinder...

   Das Verkehrsamt antwortet.

   Pension Schlossblick
   In diesem Zeitraum ist leider nichts frei.

   Gästehaus Kastanienallee
   Sie haben Glück, wir haben noch ein Doppel- und zwei Einzelzimmer zur Verfügung.

   Schilde-Fremdenzimmer
   Alles ausgebucht.

   Bei Familie Kretschmar, Ahorngasse 5
   Wir haben noch Platz.

   St. Michael Heim
   Sie können bei uns Zimmer buchen.

   Jugendhotel Vier Jahreszeiten
   Wir haben noch Zimmer für alle Generationen.

   Pension Ritter
   Bei uns sind Sie jederzeit gern gesehen.

   Stadthaus „Zum alten Tor"
   Wir erwarten Sie!

Wer hat Zimmer frei?

Beispiel: Gästehaus Kastanienallee

Gib fünf weitere Antworten.

(i) ....

(ii) ....

(iii) ....

(iv) ....

(v) ....

(5)

2. Urlaub.

Vier Wochen im Sommer in Mexiko

Zwanzig Schüler und Schülerinnen der Realschule Greifswald werden diesen Sommer nach Mexiko fliegen. Die meisten sind noch nie mit ihren Familien im Ausland gewesen. Bis jetzt haben Sie ihren Urlaub immer in Deutschland verbracht. Letztes Jahr sind die Fußballer von ihnen in Schweden gewesen.

Aber dieses Mal wird es anders sein. Seit September letzten Jahres lernen alle zwanzig in ihrer Freizeit Spanisch. Außerdem haben sie Sportfeste, Radrennen wie auch einen Musikmarathon organisiert und Geld gesammelt. Sie wollen sechzig Prozent der Kosten für die Reise selbst finanzieren.

Aber diese Reise wird kein normaler Urlaub sein. Sie wollen fast die ganze Zeit arbeiten! Sie planen eine Grundschule zu bauen. Am Ende werden sie ein paar Tage nach Mexiko-City fahren um sich zu entspannen.

Beantworte diese Fragen.

Beispiel: Woher kommen die Schüler und Schülerinnen?

.................................**Greifswald**.................................

a) Wie fahren sie nach Mexiko?

.... (1)

b) Mit wem verbringen sie normalerweise ihre Ferien?

.... (1)

c) Was haben die zwanzig Schüler und Schülerinnen vor der Reise gelernt?

.... (1)

d) Wie viel haben sie selbst finanziert?

.... (1)

e) Was ist ungewöhnlich an diesen Ferien?

.... (1)

f) Wo werden sie ihre Freizeit verbringen?

.... (1)

3. Aus der Sportwelt.

> **Jugendliche aus Schwerin organisieren einen kleinen Sportklub**
>
> Jedes Wochenende arbeiten fünfzehn Jungen und Mädchen auf dem Sportfeld und im kleinen Holzhaus daneben. Am Anfang haben sie kein Geld dafür bekommen, aber jetzt gibt die Stadt ihnen pro Wochenende eine Summe von € 400. Die Jugendlichen helfen jüngeren und älteren Kindern, damit sie einen guten Platz für ihre Mannschaftsspiele haben. Auf dem Platz kann man Fußball, Hockey sowie auch Volleyball und Basketball spielen. Man muss die Zeit buchen, aber es kostet nichts. Die Altersgrenze ist zwanzig Jahre. Im Holzhaus gibt es Getränke (Limo, Saft, Wasser — keinen Alkohol!) und man kann Frankfurter- und Bratwürste mit Brötchen oder Kartoffelsalat essen. An Wochentagen ist dieser Klub zwischen 15.00 Uhr und 18.00 geöffnet.

Beantworte die Fragen.

Beispiel: Wer organisiert den Sportklub?

..........**Jugendliche**..........

a) Was gibt es in der Nähe von dem Sportfeld?

.... (1)

b) Was haben sie von der Stadt bekommen?

.... (1)

c) Was muss man vorher machen?

.... (1)

d) Was kann man im Holzhaus trinken?

.... (1)

e) Wie lange ist der Klub an Wochentagen offen?

.... (1)

German Higher — Reading Paper 3

4. Übernachtung im Thüringer Wald.

Bungalowdorf „Waldesruh"

Hier ist das Übernachten unkompliziert. Unsere komfortablen Holzhütten können das ganze Jahr benutzt werden. Ob Sie allein oder mit der Familie kommen, Sie sind bei uns immer willkommen.

Sie haben die Wahl! Entweder versorgen Sie sich selbst oder lassen Sie sich bedienen. Wir haben eine Studioküche und ein Selbstbedienungsrestaurant.

Unsere ständige Ausstellung „Thüringen, eine andere Welt" ist für alle Besucher frei.

Übernachtungskosten: € 50,00
Bitte Handtücher mitbringen! BIS BALD!!!

Füll die Lücken in den folgenden Sätzen aus.

a) Der Baustoff ist .... (1)

b) Wenn man faul ist, ißt man im .... (1)

c) Die Ausstellung ist die .... Zeit. (1)

d) Vergessen sie nicht ihre .... (1)

5. Der Brand.

Junger Mann kommt lebend aus dem Tunnelinferno

Bericht aus Bern am Freitag, dem 25. Oktober: Die Brandkatastrophe vor zwei Tagen im Gotthardtunnel, dem längsten schweizerischen Bergtunnel, hatte elf Opfer. Zwei Lastwagen sind im Tunnel zusammengestoßen.  Viel Glück hatte ein neunzehnjähriger Italiener, der kurz nach seiner Einfahrt in den Tunnel eine Rauchwolke sah. Er bremste sofort, parkte sein Auto und machte seine Warnblinkleuchten an. Damit hielt er den Verkehr hinter sich auf und rettete auch andere Autofahrer. Mit einer Jacke über dem Kopf rannte er so schnell wie er konnte die Autostrecke zurück. Diesen Tag wird er nie vergessen.

Beantworte die Fragen.

Beispiel: Wo hat es gebrannt? .... **im Gotthardtunnel** ....

a) An welchem Tag hat es im Tunnel gebrannt?

   .... (1)

b) In welchem Land ist der Tunnel?

   .... (1)

c) Welche Fahrzeuge hatten ein Unfall?

   .... (1)

d) Was hat den Jungen Mann alarmiert?

   .... (1)

e) Was macht der junge Mann zuerst?

   .... (1)

f) Womit schützt sich der junge Mann?

   .... (1)

German Higher — Reading Paper 3

6. Mein Sonntag mit Oma.

Sonntagnachmittag. Draußen ist herrlicher Sonnenschein obwohl es schon September ist. Wir haben meiner Mutter geholfen und nach dem Essen abgewaschen. Sie hatte heute unser Lieblingsessen gekocht: Schweinebraten, Rotkraut und Kartoffeln. „Mutti, du bist eine wunderbare Köchin", hat Sabine, meine Schwester, gesagt.

Ich hatte dann Lust auf einen Spaziergang, aber wollte wenn möglich nicht allein gehen. Meine liebe Oma ist mit ihren dreiundsiebzig Jahren noch ziemlich fit, aber das kann ich nicht von meiner Schwester und meinem Bruder sagen. Sie faulenzten wieder.

Also gingen meine Oma und ich spazieren – meine Mutter und mein Vater im Garten arbeiten wollten.

Ungefähr zehn Minuten von unserer Wohnung entfernt liegt das Rosenthal. Das ist eine sehr große Wiese, die von vielen Bäumen umgeben ist.

Auf dem Weg zum Rosenthal treffen wir Frau Blocher, die zwei Jahre älter, aber genauso fit wie Oma ist. Nach einem kurzen „Hallo" ging es weiter. Als wir im Rosenthal angekommen sind, haben wir uns auf eine Bank gesetzt. Gleich neben der Bank gibt es einen kleinen See, der mit all den bunten Blättern wie ein Teppich aussieht. Auf dem Weg nach Hause nehmen wir einen anderen Weg. Plötzlich bleibt meine Oma stehen. Sie zeigt mit ihrem Finger auf ein rundes Fenster. „Hier sah ich deinen Opa zum ersten Mal", sagt sie sehr leise zu mir.

Beantworte die Fragen.

Beispiel: Welche Jahreszeit ist es?

Herbst

a) Wann haben die Kinder ihrer Mutter geholfen?

.... (1)

b) Was ist die Meinung über das Essen?

.... (1)

c) Wie viele Kinder gibt es in dieser Familie?

.... (1)

d) Was wollten die Kinder nachmittags machen?

i) .... (1)

ii) .... (1)

e) Was haben die Eltern geplant?

.... (1)

f) Wohin ging die Oma?

.... (1)

g) Wie war die Gesundheit der Oma?

.... (1)

h) Wo genau machten sie eine Pause?

.... (1)

i) Von wem spricht Oma auf dem Rückweg?

.... (1)

SECTION B — Questions and Answers in **English**

7. After Peter's school trip to Germany, he had to write an essay in German for his teacher.

Eine Woche in Süddeutschland

Wir hatten zuerst ein bisschen Angst, als wir in unserem sehr modernen und bequemen Bus saßen und der Bus durch den Tunnel per Bahn transportiert wurde. Aber eigentlich war es einfach langweilig, weil es draußen sehr dunkel war. Nach einer halben Stunde aber waren wir schon in Frankreich.

Wir freuten uns auf das kleine Gästehaus am Bodensee, das wir schon von Fotos kannten. Leider dauerte die Fahrt durch Frankreich einen halben Tag, aber endlich kamen wir am späten Nachmittag ungewaschen und schmutzig vor unserem Gästehaus an.

Man begrüßte uns mit Gläsern kühler Limonade und das machte uns alle glücklich!

Obwohl unser Deutsch nicht besonders gut war, waren wir überrascht wie viel wir von der Sprache verstehen konnten. Man lernt besser, wenn man Spaß dabei hat.

Weiter ging die Reise in Richtung München wo wir am Stadtrand wohnten, während unser Bus eine dreitägige Pause hatte. Es war viel einfacher, die Busse, Straßenbahnen und U-Bahnen zu benutzen. Mir hat alles so gut gefallen. Eine Woche ist noch nie so schnell vergangen!

Example: How did they feel before they went through the tunnel?

.....**worried**..

a) How did they actually feel about the journey in the tunnel?

.... (1)

b) Why did they know about their first accommodation?

.... (1)

c) In what condition did they arrive at their first destination?

i) .... (1)

ii) .... (1)

d) What made an immediate impression on Peter on arrival?

.... (1)

e) What was a particular surprise to them?

.... (1)

f) How long did they stay in Munich?

.... (1)

g) What happened to their bus while they were in Munich?

.... (1)

h) Why did they use public transport?

.... (1)

END OF TEST (45)

[BLANK PAGE]

General Certificate of Secondary Education

Surname
Other names
Candidate signature

GCSE
German
Writing Paper 1

Higher Tier

Time allowed: 60 minutes.

Instructions to candidates
- Write in black or blue ink or ballpoint pen.
- Write your name and other details in the spaces provided above.
- Answer **all** questions in the spaces provided, **in German**.
- If you need more space for rough work or answers, use the blank page(s) in this booklet, or ask for more paper.
- Before the end of the test, cross out **all** rough work.
- Give all the information you're asked for, and **write neatly**.

Information for candidates
- The marks available are given in brackets at the end of each question.
- There are 2 questions in this paper. There are 3 blank pages.
- To get the highest marks, you must answer each part of the question fully, developing your answers where appropriate.
- You are **not** allowed to use a dictionary at any time during this test.

For marker's use			
Q	Attempt Nº		
	1	2	3
1			
2			
Total 40			

© CGP 2002

[BLANK PAGE]

1. You receive this letter from Heiko. He is asking what your holiday was like and what your plans are for September. You write a letter in reply.

> Stuttgart, den 12. Mai
>
> Hallo!
> Wie waren deine Ferien? Hast du viel Spaß gehabt?
> Wie war das Hotel? Hoffentlich gut!
> Was sind deine Ferienpläne fürs nächste Jahr?
> Ich will nicht mehr in der Schule bleiben. Und du?
>
> Viele Grüße
> Heiko

Schreib den Brief **auf Deutsch.**

Schreib:

- Deine Reaktion auf den Brief von Heiko.
- Wie deine Ferien waren.
- Warum du das denkst.
- Was mit dem Hotel los war.
- Was du dort gemacht hast.
- Wohin du nächstes Jahr fahren willst.
- Was du im September machen wirst.

Frag:

- Nach Heikos Zukunftspläne.

(20)

....
....
....
....
....

2. Letztes Wochenende hast du viel gemacht. Jetzt schreibst du einen Brief an deinen Brieffreund / deine Brieffreundin.

> *Samstag*
> - in die Stadt
> - viel gekauft
> - hungrig!
> - Sport
> - abends war Spaß
> - die Eltern!
>
> *Sonntag*
> - zu Hause helfen!
> - Schularbeit!
> - Oma und Opa
> - endlich darf ich ausgehen

Schreib den Brief **auf Deutsch.**

Du musst folgende Informationen geben.

- Beschreibe was du gemacht hast.
- Was du darüber denkst.
- Was das Schlimmste war und warum.
- Was du nächstes Wochenende vor hast.

(20)

....
....
....
....

[BLANK PAGE]

General Certificate of Secondary Education

| Surname |
| Other names |
| Candidate signature |

GCSE
German
Writing Paper 2

Higher Tier

Time allowed: 60 minutes.

Instructions to candidates
- Write in black or blue ink or ballpoint pen.
- Write your name and other details in the spaces provided above.
- Answer **all** questions in the spaces provided, **in German**.
- If you need more space for rough work or answers, use the blank page(s) in this booklet, or ask for more paper.
- Before the end of the test, cross out **all** rough work.
- Give all the information you're asked for, and **write neatly**.

Information for candidates
- The marks available are given in brackets at the end of each question.
- There are 2 questions in this paper. There are 3 blank pages.
- To get the highest marks, you must answer each part of the question fully, developing your answers where appropriate.
- You are **not** allowed to use a dictionary at any time during this test.

For marker's use			
Q	Attempt Nº		
	1	2	3
1			
2			
Total 40			

© CGP 2002

[BLANK PAGE]

1. You have just received a surprise cheque from a long-lost relative. You write to your German penfriend to tell him/her the good news. You describe what you plan to do with the money and your celebrations generally.

Schreib den Brief **auf Deutsch.**

Schreib:
- Deine Reaktion auf den Scheck.
- Was deine Eltern gesagt haben.
- Was du mit dem Geld kaufen willst.
- Wohin du mit dem Geld fahren willst.
- Was deine Freunde und Freundinnen darüber denken.
- Wie die Party war.
- Warum deine Eltern nach der Party unglücklich waren.

Frag:
- Wie es deinem Brieffreund/deiner Brieffreundin jetzt geht.

(20)

....

....

....

....

....

2. Dein Brieffreund / deine Brieffreundin fragt nach deiner Schule.
Also schreibst du ihm / ihr einen Brief. Hier sind deine Ideen.

> Meine Schule ist............
>
> Unterricht OK aber der Erdkundelehrer!
>
> Unsere Schuluniform
>
> In den Pausen – Essen, Sport, Hausaufgaben
>
> Prüfungen, Schulstress und nächstes Jahr

Schreib den Brief **auf Deutsch.**

Du musst folgende Informationen geben.

- Was du von dem Unterricht und den Lehrern und Lehrerinnen denkst.
- Was du zur Schule tragen musst und was du lieber trägst.
- Was man in den Pausen machen kann.
- Deine Zukunftspläne.

(20)

....

....

....

....

....

....

General Certificate of Secondary Education

Surname

Other names

Candidate signature

GCSE
German
Writing Paper 3

Higher Tier

Time allowed: 60 minutes.

Instructions to candidates
- Write in black or blue ink or ballpoint pen.
- Write your name and other details in the spaces provided above.
- Answer **all** questions in the spaces provided, **in German**.
- If you need more space for rough work or answers, use the blank page(s) in this booklet, or ask for more paper.
- Before the end of the test, cross out **all** rough work.
- Give all the information you're asked for, and **write neatly**.

Information for candidates
- The marks available are given in brackets at the end of each question.
- There are 2 questions in this paper. There are 3 blank pages.
- To get the highest marks, you must answer each part of the question fully, developing your answers where appropriate.
- You are **not** allowed to use a dictionary at any time during this test.

For marker's use			
Q	Attempt Nº		
	1	2	3
1			
2			
Total 40			

© CGP 2002

[BLANK PAGE]

1. You and your family have just moved house. You receive these photos from your German penfriend and decide to write to him/her, describing your new house, your new surroundings and everything that happened.

Schreib den Brief **auf Deutsch.**

Schreib:
- Deine Reaktion auf das neue Haus.
- Wo du früher gewohnt hast.
- Wie es dort war.
- Warum deine Eltern ein neues Haus gekauft haben.
- Wie dein Schlafzimmer jetzt ist.
- Was du jetzt in der Gegend machen kannst.
- Wie deine neuen Freunde sind.

Frag:
- Was dein Brieffreund/deine Brieffreundin von deinem Haus denkt.

(20)

....

....

....

....

....

2. Dein Brieffreund / deine Brieffreundin fragt „Hast du auch einen Teilzeitjob?" Also schreibst du ihm / ihr einen Brief. Hier sind deine Notizen.

> sechs Stunden – Sonntag – von…bis
> Wie ich dorthin komme
> eine Uniform
> Wie viel Geld
> Was ich mit dem Geld mache
> Meine Kollegen sind...

Schreib den Brief **auf Deutsch**.

Du musst folgende Informationen geben.

- Was für einen Job du machst, wo, wann usw.
- Wie du das Interview gefunden hast.
- Die Vor- und Nachteile von einem Job.
- Deine ideale Stelle in der Zukunft.

(20)

[BLANK PAGE]

[BLANK PAGE]

Coordination Group Publications

GCSE

German

Answer Book
Practice Exam Papers
Higher Tier

Contents

Working Out Your Grade 3
Reading Test Answers 1, 2 & 3 4
Writing Test Mark Scheme 10
Question Translations 13

These practice papers won't make you better at German

... but they will show you what you **can** do, and what you **can't** do.

The papers are just like the ones you'll get on the day — so they'll tell you what you need to **work at** if you want to do **better**.

Do a test, **mark it** and look at what you **got wrong**.
That's the stuff you need to learn.

Go away, **learn** those tricky bits, then **do the <u>same</u> test again**. If you're **still** getting questions wrong, you'll have to do even **more practice** and **keep testing** yourself until you get all the questions right.

It doesn't sound like a lot of **fun**, but how else do you expect to **learn** it?

There are two big ways to improve your score

1) **Keep practising the things you get wrong**
   If you keep getting low marks for writing a letter, practise writing letters. If you keep making a hash of true or false questions, make a point of reading more carefully.
   And so on...

2) **Don't throw away easy marks**
   Even if a question looks dead simple you have to check your answer and make sure it's sensible.

Working Out Your Grade

Here's how to convert **marks** to **grades** for the **reading** and **writing** tests.

- Do a test.
- Mark it, and add up all the marks.
- Look them up in the reading or writing test table to see what grade you got.

Reading Test

Mark out of 45	20-24	25-28	29-33	34-37	38-42	43-45
Grade	E	D	C	B	A	A*

Writing Test

Mark out of 40	18-21	22-25	26-29	30-33	34-37	38-40
Grade	E	D	C	B	A	A*

NB You **can't** convert the marks for reading and writing into an **overall** grade for German, because for the real exam you'll have to do **listening** and **speaking** tests as well. Use these tests to get your **reading** and **writing** spot-on.

Stick your marks in here so you can see how you're doing

		Paper 1	Paper 2	Paper 3	AVERAGE GRADE
READING	First go				
	Second go				
	Third go				
WRITING	First go				
	Second go				
	Third go				

Important

The marks you get on these practice papers are **no guarantee** of getting that in the real exam — **but** they are a pretty good guide.

Paper 1 Reading Answers

Q	Marks	Correct answer

SECTION A — Questions and Answers in **German**

TIPS: If you don't understand the instructions in German, take a look at the translations on page 13.

Q	Marks	Correct answer
1. a	1	von 4.00 Uhr bis 24.00 Uhr
b	1	alle 30 Minuten
c	1	€ 1,20
d		
i	1	im Informationszentrum
ii	1	beim Fahrer

TIPS: Don't try and translate the whole thing — it's a waste of time.
1) Read the questions you're going to have to answer.
2) Skim through the passage and underline any relevant bits.
3) Then go back and try to figure out the underlined bits.

2. a	1	F
b	1	F
c	1	?
d	1	?
e	1	F
f	1	R
g	1	R

TIPS: Again, don't try and translate it all — start by looking at the questions. Pick out all the relevant bits from the passage then see if they answer your question. That way you're only translating the bits you need to, and aren't wasting precious time in the exam.

3. a	1	B
b	1	B

TIPS: This is a bit of a strange advert — this dry cleaner's (Reinigung) reckons it can make your old coat (Ihr alter Mantel) seem (sieht ... aus) like new again (wieder wie neu) in 24 hours (vierundzwanzig Stunden).

4.	1	picture two	B
	1	picture three	F
	1	picture four	D

TIPS: Teekanne = teapot
Teebeutel = tea bag
gießen = to pour

5. a	1	F
b	1	F
c	1	R
d	1	?
e	1	F

TIPS: It's quite a short passage, but there are some really tricky words in there. As always — read the questions before the passage, then you only need to concentrate on the relevant bits.

Q	Marks	Correct answer
6. a	1	R
b	1	F
c	1	?
d	1	R
e	1	?
f	1	R
7. a	1	Fußballspiel
b	1	seine Mannschaft
c	1	Düsseldorfer SV hat 1:0 gewonnen
d	1	17.30 Uhr
e	1	Brille
f	1	Hannover
g	1	Düsseldorf
h	1	zehn Minuten
i	1	Zug hat (20 Minuten) Verspätung

TIPS: This is another one with a load of trickyish vocab.
1) Make a list of all the important words that you didn't know.
2) Learn it.

SECTION B — Questions and Answers in English

in Hanau
an exchange with English students
two

smaller than her room at home
cosy
like a daughter / not an outsider
they always had time to answer questions
she wants to study abroad

TIPS: Again, don't try and translate it all — start by looking at the questions. Pick out all the relevant bits from the passage then see if they answer your question. That way you're only translating the bits you need to, and aren't wasting precious time in the exam.

Paper 2 Reading Answers

Q	Marks	Correct answer

SECTION A — Questions and Answers in **German**

TIPS: If you don't understand the instructions in German, take a look at the translations on page 13.

1. a	1	D
b	1	B
c	1	B
d	1	B

TIPS: Ah, good old multi-choice! Remember the drill: first get rid of the choices you know are wrong, then decide between what's left.

2. a	1	kochen
b	1	flach
c	1	geschlossen
d	1	kostenlos

TIPS: Here we go again... blah blah... pick out... blah... blah... relevant words... blah blah...

3. a		
i	1	F
ii	1	R
iii	1	F
iv	1	?
b		
i	1	C
ii	1	B
iii	1	A

TIPS: That was really tough — if you got them all right, you deserve a medal. If you didn't: make a note of all the words you needed to know but didn't — and learn them. Little words like "gegenüber" (= "opposite") make the difference between you understanding a sentence and getting completely the wrong end of the stick.

4.	1	B
	1	D
	1	F
	1	H

TIPS: Look for references to "Jahre" and "Schuljahr".

TIPS: ausgezeichnet = excellent

TIPS: Don't waste time translating the whole passage. Read each of the "lettered" statements and pick out the relevant bits from the passage. You only need a good enough idea of what each bit means to work out whether it's true or false.

Q	Marks	Correct answer		
5.	1	1) — G		TIPS: Some of these are much easier than others, so get them out of the way first. Then you haven't got as many left to choose from if you have to make a guess.
	1	2) — I	TIPS: außer = apart from	
	1	3) — F	TIPS: Verkehrsmittel = means of transport	
	1	4) — H		
	1	5) — B	TIPS: "Räder" means "bikes" — it's the plural of "Rad".	
		6) — D		
	1	7) — E	TIPS: "weniger Autofahrer als Radfahrer" = "fewer car drivers than cyclists"	
	1	8) — A		
	1	9) — C		
6. a	1	B	TIPS: "Das Tier hat... an der Tür... gekratzt" means "The pet... scratched... at the door..."	
b	1	D		
c	1	A		aaahhhh... how sweet...
7. a	1	mehr		
b	1	Kommunen		
c			TIPS: Make sure you read all the questions first as some are quite similar.	
i	1	Geldprobleme		
ii	1	Wohnungsprobleme		
d	1	zusammen		
e	1	(sie wollen) nicht allein leben		
f	1	Badezimmer		
g	1	zwei oder drei		

SECTION B — Questions and Answers in **English**

8. a	1	it never closes		
b	1	four		
c	1	telephoning other (up to twenty available) doctors	TIPS: Ärtze = doctors	
d	1	travellers		
e	1	people who live and work in the surrounding area		
f				
i	1	drug addicts	TIPS: "besonders traurig" = "particularly sad" "drogenabhängig" = "addicted to drugs"	
ii	1	can only be helped in the short term		

Paper 3 Reading Answers

Q	Marks	Correct answer

SECTION A — Questions and Answers in **German**

TIPS: If you don't understand the instructions in German, take a look at the translations on page 13.

Q	Marks	Correct answer
1. i	1	Bei Familie Kretschmar
ii	1	Jugendhotel Vier Jahreszeiten
iii	1	St. Michael Heim
iv	1	Pension Ritter
v	1	Stadthaus „Zum alten Tor"

TIPS: "ausgebucht" = "booked up" "frei" = "available (free)"

2. a	1	fliegen
b	1	Familie
c	1	Spanisch
d	1	sechzig Prozent
e	1	sie wollen arbeiten
f	1	Mexiko-City

TIPS: Yes I am fully aware that I'm harping on. The trick with these questions is to not spend half the exam translating the passage. Look at the questions first, pick out the relevant bits and then work out if they fit.

3. a	1	Holzhaus
b	1	Geld / € 400 pro Wochende
c	1	(Zeit) buchen
d	1	Limo, Saft, Wasser
e	1	drei Stunden

TIPS: You don't need to know what the word "Holzhaus" means — just that there's a small one near the sports field. (It's a wooden hut, by the way.)

4. a	1	Holz
b	1	Selbstbedienungsrestaurant
c	1	ganze
d	1	Handtücher

5. a	1	am Mittwoch / am Mittwoch, dem 23. Oktober
b	1	in der Schweiz
c	1	Lastwagen
d	1	Rauchwolke
e	1	bremste
f	1	Jacke

TIPS: This article uses a lot of verbs in the imperfect tense. Even if you're not too hot on grammar, you should make sure you can recognise verbs written in different tenses.

TIPS: present: "sie stoßen zusammen" = "they collide" perfect: "sie sind zusammengestoßen" = "they collided" pluperfect: "sie waren zusammengestoßen" = "they had collided"

Q	Marks	Correct answer
a	1	nach dem Essen
b	1	wunderbar / Lieblingsessen
c	1	drei
d		
i	1	faulenzen
ii	1	spazierengehen
e	1	im Garten arbeiten
f	1	Rosenthal
g	1	gut
h	1	auf einer Bank
i	1	Opa

TIPS: The writer of the passage mentions a brother and a sister. You've got to assume the person writing's a child too.

TIPS: "Von wem spricht Oma?" = "Who is Grandma talking about?"

SECTION B — Questions and Answers in English

boring
seen it in a photo

unwashed
dirty
being given lemonade
how well they understood German
three days
had a break
simpler to use (than their coach)

TIPS: Remember the good old trick with long chunks of German: just pick out the bits that look relevant to the questions — you'll save yourself loads of time.

TIPS: "unser Bus hatte eine dreitägige Pause" = "our bus had a three-day break"

Writing Test Mark Scheme

The writing test is marked out of 40.

You get marks for what you say and the way you say it:

Question	Content & Communication	Use of Language	Accuracy of Language	TOTAL
1 *(Letter)*	8 marks	6 marks	6 marks	**20 marks**
2	8 marks	6 marks	6 marks	**20 marks**

The more things you get right, the more marks you'll get!

Mark scheme for questions 1 and 2

- Up to **8 marks** awarded for **content & communication**.
- Up to **6 marks** awarded for **use of language**.
- Up to **6 marks** awarded for **accuracy of language**.

Content & communication

You get a mark out of 8 for **content & communication** — like this:

Description	Marks
• No worthwhile content. • Occasional appropriate words but no clear or relevant message. • The answer is difficult to understand.	0 marks
• A little bit of basic factual information has been communicated. • Hardly any opinions or descriptions. • Verbs only occasionally correct. • Answer is quite difficult to understand.	1-2 marks
• Some basic information has been communicated. • Some attempt to include opinions and descriptions. • Some verb tenses correct. • Most of the answer is relevant and can be understood.	3-4 marks
• Most of the information has been communicated. • Some relevant opinions and descriptions. • Many verbs correct. • Language used is above the basic level. • Most of the answer is relevant and easy to understand.	5-6 marks
• All — or very nearly all — necessary information has been communicated. • Verb tenses are correct. • Language flows well and can be easily understood. • Clear ability to narrate, express opinions and write descriptions.	7-8 marks

If the work **definitely matches** the description then you get the **higher** mark.
If it **only just** matches the description you get the **lower** mark.

Use of language

You get a mark out of 6 for **use of language** — like this:

Nothing of value except an occasional correct word.	**0 marks**
There are a few accurate words and phrases, but the language is very limited and there may be non-German words and a lot of repetition.	**1 mark**
Some words and phrases are used correctly but are very basic and limited in range. The sentences are usually short and simple and some phrases may be pre-learned.	**2 marks**
There are some correct words and structures. Most of the sentences are short and simple but there has been some attempt to link them together and to include descriptions.	**3 marks**
The range of words and structures is fairly wide and varied. There are attempts to write more complicated sentences and there is some correct use of different tenses. Many descriptions and opinions are successfully expressed.	**4 marks**
There is a wide and varied range of vocabulary and structures. Many of the sentences are complex and correctly expressed. Descriptions and opinions are used correctly.	**5 marks**
There is a wide and varied range of vocabulary and structures and very good use of descriptions and opinions. The language used is complex and always appropriate for the required task. The candidate is confident and has the ability to write fluently and effectively.	**6 marks**

Accuracy of language

You get a mark out of 6 for **accuracy of language** — like this:

• Almost nothing correct. • Very little grasp of the structure of the language.	**0 marks**
• Odd examples of accurate language. • Many basic errors. • Difficult to understand what has been written. • Most spelling, gender and verb formations are incorrect.	**1 mark**
• Some examples of accurate language. • A lot of basic errors, but some of the answer can be understood. • Many spellings, genders and verbs are incorrect.	**2 marks**
• Simple language is usually accurate. • Some basic errors. • Not all spelling and genders are correct. • Verbs aren't always accurate or understandable.	**3 marks**
• Only a few basic errors. • Much of the language, including spellings and genders, is accurate, especially when the language used is fairly simple. • Many verbs are accurate or understandable.	**4 marks**
• Very few basic errors except in more complicated language. • Spelling, gender and verb formations are usually accurate.	**5 marks**
• Very few minor errors. • Language used is complex and highly accurate. • Confidence with different verb formations and complicated structures.	**6 marks**

Question Translations

A lot of the questions are in **German** (sneaky).
If you don't get what it wants you to **do**, use these translations to help you work it out.
(Only use this if you're really stuck — otherwise it's just cheating!)

Reading Paper 1

1. In Stuttgart.
   Answer the questions.
   Example: Which bus goes direct to the city centre? **Bus number 100**

2. Information for people who want to live a healthy life.
   Read the text.
   Write false (**F**), true (**R**) or not in the text (**?**) in each box.
   Example: Cycling in town is a hot tip. **?**

3. You see this advertisement at the dry cleaners.
   Write the matching letter in each box.
   Example: What do you bring to this shop? **C**
   (Clothes)

4. Afternoon tea.
   What matches up?
   Write the matching letter in the box.
   Example: G
   (You put two tea bags in the teapot.)

5. An accident.
   Read the sentences.
   Write **R** (true), **F** (false) or **?** (not in text) in each box.
   Example: The traffic police are asking for help.
   True

6. A living room game.
   Read the sentences.
   Write **R** (true), **F** (false) or **?** (not in text) in each box.
   Example: Twelve people can play. **False**

7. The football game.
   Answer the following questions.
   Example: What's Karl's wife already wearing?
   Her coat.

Reading Paper 2

1. You find this letter from your sister on the table.
   Write the letter for the correct answer in the box.
   Example: Where have Peter and Susi gone? **C**
   (To the city centre)

2. On the Isar in Munich.
   Fill the gaps with the matching words from the box.
   Example: The landscape park lies **to the West** of Munich.

3. The Saalepark is near Halle.
   Part A
   Read the sentences and write **R** (true), **F** (false) or **?** (not in text) in each box.
   Example: Mr and Mrs Schmidt are in the car. **R**
   Part B
   Write the matching letter in each box.

4. School information.
   Which sentences are correct?
   Write the four remaining letters in the boxes.
   Example: G
   (More often than not I have to do three hours of homework a day.)

5. From a magazine.
   What is correct?
   Combine the sentences and fill in the table.
   Example: 6 **D**
   (If you want to park a bike there's no charge.)

6. From the newspaper.
   What is correct?
   Write the matching letter in each box.
   Example: A cat has **C**
   (rescued five people)

7. From a book.
   Answer the questions.
   Example: How many young people live in a shared house? **More than 1, 000, 000.**

Reading Paper 3

1. You write a letter to the tourist information office.
   The tourist information office answers.
   Who has got a room available?
   Example: Kastanienallee Guesthouse

2. Holiday.
   Answer these questions.
   Example: Where do the students come from?
   Greifenwald

3. From the world of sport.
   Answer the questions.
   Example: Who organises the sports club?
   Young people

4. Staying overnight in the Thüringer Forest.
   Fill in the gaps in the following sentences.

5. The fire.
   Answer the questions.
   Example: Where was the fire? **in the Gotthard Tunnel**

6. My Sunday with Grandma.
   Answer the questions.
   Example: What season is it? **Autumn**

Writing Paper 1

1. Write the letter **in German**.
   Write:
   - Your reaction to Heiko's letter.
   - How your holidays were.
   - Why you think that.
   - What was wrong with the hotel.
   - What you did there.
   - Where you want to go next year.
   - What you are going to do in September.
   Ask:
   - About Heiko's future plans.

2. You did a lot of things last weekend.
   Now you're writing a letter to your penfriend.
   Write the letter **in German**.
   You must give the following information:
   - Write about what you did.
   - What you thought about it.
   - What the worst thing was and why.
   - What you are doing next weekend.

Writing Paper 2

1. Write the letter **in German**.
   Write about:
   - Your reaction to the cheque.
   - What your parents said.
   - What you want to buy with the money.
   - Where you want to go with the money.
   - What your friends think about it.
   - What your party was like.
   - Why your parents were unhappy after the party.
   Ask:
   - How your penfriend is.

2. Your penfriend asks about your school, so you're writing him/her a letter. Here are your ideas.
   Write the letter **in German**.
   You must give the following information:
   - What you think of the lessons and the teachers.
   - What you have to wear to school, and what you'd rather wear.
   - What you can do during breaks.
   - Your future plans.

Writing Paper 3

1. Write the letter **in German**.
   Write about:
   - Your reaction to the new house,
   - Where you lived before.
   - What it was like there.
   - Why your parents bought a new house.
   - What your bedroom is like.
   - What you can do in the area.
   - What your new friends are like.
   Ask:
   - What your penfriend thinks of her house.

2. Your penfriend asks "Have you got a part-time job?", so you're writing him/her a letter.
   Here are your notes.
   Write the letter **in German**.
   You must give the following information:
   - What kind of job you do (and where, when etc.).
   - How you found the interview.
   - The advantages and disadvantages of having a job.
   - Your ideal job for the future.